［力をひきだす、学びかたドリル］❸

「書く」からはじめる

くりさがり・くりあがり

監修 **河野 俊一**（エルベテーク代表）

制作 特定非営利活動法人 **教育を軸に子どもの成長を考えるフォーラム**
Japanese Association for Education-centered Childhood Development

教え方によって子どもは大きく変わります。親も子どもも手応えを！

こうして誕生しました

　この学習ドリルシリーズは、発達の遅れがある子の指導を30年間近く続けている教育機関・エルベテークの指導法（＊エルベメソッド）に基づき、実際に教室で使用している教材をドリル形式に編集したものです。

実践的なこの学習ドリルの役割とは？

　学習は知識の習得だけではありません。「できた、できなかった」に一喜一憂するものでもありません。

　何をどのように学んでいくのかを子ども自身が教わり身につけていく行為である……、そんな考え方がこのドリルの根底にあります。

　ドリルの学習を通して、子どもたちがルールや約束事、手順を理解し、大切な「受け入れる姿勢」「教わる姿勢」を身につけ、自分の気持ちと行動をコントロールできるようになることをめざします。

教え学ぶ親と子の関係が
すべての成長の始まり

　そして、正しいやり方を知り手順を身につけることによって成長の土台がつくられ、自信や見通しをもてるようになるのではないでしょうか。

　教え学ぶ親と子の関係はすべての子どもにとって大切なものだと思います。

　「見る、聞く、話す、読む、書く」練習を通し、子どもたちが学び成長するためのスタートラインに立てるよう、まず、家庭の中でしっかり支えていきましょう。

エルベメソッド

　「まずしっかり見る、聞く姿勢を育てることが最優先」「関心のない物事に対しても注意を向けることができる姿勢づくり」など12項の具体的な教育方針と指導目標を掲げ、学習を通して子どもの成長をめざす指導法。

　特徴は、「発達上の遅れを抱える子どももそうでない子どもも、身につけさせたい力は同じである。そして、その接し方・教え方、指導の仕方も原則は同じである」という考え方と、約30年にわたる豊富な事例・実績に基づく実践。

［力をひきだす、学びかたドリル］❸

「書く」からはじめる

くりさがり・くりあがり

目　次

かんたん！ だから
たくさん れんしゅう
できるね。

ドリル（4巻シリーズ）の目的

いま、子どもたちの「筆記する力」が低下しています。「書くのが苦手、書けない子ども、書くのを面倒くさがる子どもが多い」……、そんな声が学校の先生方からもよく聞かれます。エルベテークのアメリカ教室からも同様の指摘があります。

●

これは、幼児期から軟らかすぎる鉛筆やクレヨンなどを使い、「書く楽しさ」を強調する一方で、筆圧や鉛筆の持ち方、書く姿勢を育てることがおろそかになっている結果のように思われます。筆記の力の低下が、学力や根気強さにも悪い影響を与えているように思います。今後、タブレットの普及で、書く時間がよりいっそう少なくなっていくのではないかと懸念されます。

●

筆記する力とは、応じたり受け入れたり、ルールや手順を身につける力。その力が土台となり、基礎学力の定着と物事に根気よく取り組む姿勢を育てることにつながります。

まず、このドリルで成果を上げるための4つのポイントを実践してください。そして、迷った時に読み返すなどして、何度も再確認していただければ幸いです。

1 お互いが目を合わせて丁寧に伝え合う時間をつくりましょう

数を知り、筆記することだけが目的ではありません。向かい合って挨拶をする、穏やかな口調で伝え、気持ちの良い返事をする……。

このように、「受け入れる姿勢」や「応じる姿勢」を大切にしながら、親と子が1対1のコミュニケーションをつくり上げていく。これがこのドリル学習の目的であり、効果的なポイントです。

2 「見る、聞く、話す、読む、書く」……多角的なアプローチを試みましょう

いきなり書くのではなく、鉛筆の持ちかた・手の添え方、筆記の姿勢から練習させましょう。指でなぞらせたり、選ばせたり、読ませたりなどの工夫も取り入れてみると、効果が上がります。

次第に、子どもは「物事にはルールや手順があること」をごく自然な流れの中で学んでいくことになります。

3 練習の基本は「一本の線から」

このドリルには線の練習がたくさんあります。始点と終点を守り、一本の線となぞりを丁寧に書くことはとても大切です。

数字は形を模倣しやすく、書く練習の導入としておすすめです。筆記の基本を学び、きれいで正確な文字（ひらがな、漢字など）への足がかりをつくりましょう。

4 身につけさせたい力は「繰り返し」という根気です

最初から多くを望むと、焦ったり、急ぎ足になったりします。少しずつ、繰り返し練習する、この気持ちが大切です。できないところを少しずつ練習させ、学習量を増やしていきましょう。親にも「根気」が求められます。

「根気よく取り組む習慣」は一生の宝物です。好きなようにやりがちな子どもでも次第に自分でどうすべきかを考え、気持ちをコントロールするようになります。

練習に向かう３つの準備

このドリルでは、一本の線を書く練習から数字を書く練習、数を理解する練習へとつなげます。

鉛筆をきちんと持てない、筆圧がない、ふらついて線がまっすぐ書けない、形がとらえられずに数字がきれいに書けない、数字は書けるのに数の意味がわからない……そんな子どもの課題を、学習を通して少しずつ改めていきます。

対面で座り、背筋を伸ばします

話を聞くとき、返事をするときは、視線を合わせているかどうかを必ず確認しましょう。

椅子に座るときは、背筋を伸ばして、手は膝の上に置くように教えましょう。

小さい子どもの場合は、ベビーチェアを利用してもいいでしょう。

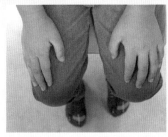

2 セットで覚えたいこと 親子のコミュニケーション

あいさつ

はじめは、あいさつの練習から。家庭であいさつの習慣を身につけると、必要なときに自ら丁寧なあいさつができるようになります。

はじめます　はい

返事

子どもにしてほしいことは、目を見て丁寧な言葉で伝えましょう。そして、目を見て「はい」と返事をするように促してください。
親子ともに穏やかな気持ちになることでしょう。

鉛筆を持ってください　はい

報告

書き終えたら、「できました」と子どもから報告する練習をしましょう。その時も、目を見て、伝えるようにしましょう。

できました　いいですよ

正しい筆記姿勢と鉛筆の持ち方

鉛筆は学習の大切な道具です。正しい持ち方を繰り返し教えましょう。

紙を別の手でしっかり押さえます（上半身を支える役目もあります）。

消しゴムの使い方は、親指と人差し指を開き、その間に消したい場所をもってくるようにします。適切な筆圧で書くには、芯が軟らかすぎない 2B の鉛筆あたりから始めるとよいでしょう。

一人で書くことが難しいときには、手を添えてあげましょう。

始点を示してあげる

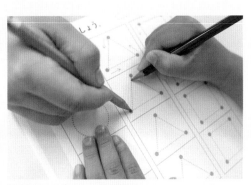

通過する点を示してあげる

手首が浮かないように押さえてあげる

線がぶれないように鉛筆を押さえてあげる

消したい場所を親指と人差し指で押さえ、
消しゴムで消す

くりさがり・くりあがりの手順は たった2つだけ

くりさがり・くりあがりのどちらの計算も、10のかたまりを意識すると手順は2つだけになり、計算が楽になります。

くりさがりは

1. **10になる数**
2. **たしざん**

☞ 16ページ

くりあがりは

1. **10になる数**
2. **ひきざん**

☞ 28ページ

2つの手順を覚えると「こっちからいくつもらって……」などといちいち考えずに答えが求められるので、気持ちに余裕が生まれます。復習や確認を繰り返しながらレベルアップを図ることができます。そして、意欲や自信につながり、計算の仕組みや暗算へスムーズに進むことができるでしょう。

10になる数を計算の基準に

10になる数を活用して、くりさがり・くりあがりの計算へ応用しましょう。そのつど数を分解して考えるやり方よりもずっと簡単なので、子どもは短期間でマスターすることが可能です。

このドリルで練習を続けると、親も子も手応えを実感するでしょう。10になる数をしっかり覚えておけば、くりさがり・くりあがりの計算で迷うことがありません。

最初のうちは補助数を利用しましょう。

「10になる数」を○の中に記入させると楽です。「たす数」「ひく数」の下の○の枠の中に10になる数を書くようにします（写真）。

目で確認できるので安心してひきざん・たしざんに取り組み、答えを出すことができるでしょう。

計算の仕組みを説明できるようになりましょう。

相手にわかりやすい説明ができることは大切な力となります。○の数やおはじきなどを使って計算の仕組みを考えさせましょう。計算ができていくにつれ、物の概念や計算のしくみについてゆとりをもって考えられると思います。小さな工夫や発見でも、おおいにほめてあげたいですね。

子どもはたしざんが得意。くりさがりから始めてみましょう。

10になる数と10までのたしざん・ひきざんがあやふやなため、いつまでも「くりあがり・くりさがりは難しい」と感じる子どもが少なくないようです。

計算に対する苦手意識をなくすには、10までのたしざんを利用できるくりさがりから始めることをお勧めします。

もちろん、教科書のようにくりあがりから始めてもかまいませんが、このドリルではくりさがりからチャレンジします。

10 になる数の復習

「2 と 8 で 10 (にとはちでじゅう)」「5 と 5 で 10 (ごとごでじゅう)」という
具合に、子どもといっしょにリズムよく覚えましょう。

10 になる かずを かきましょう。

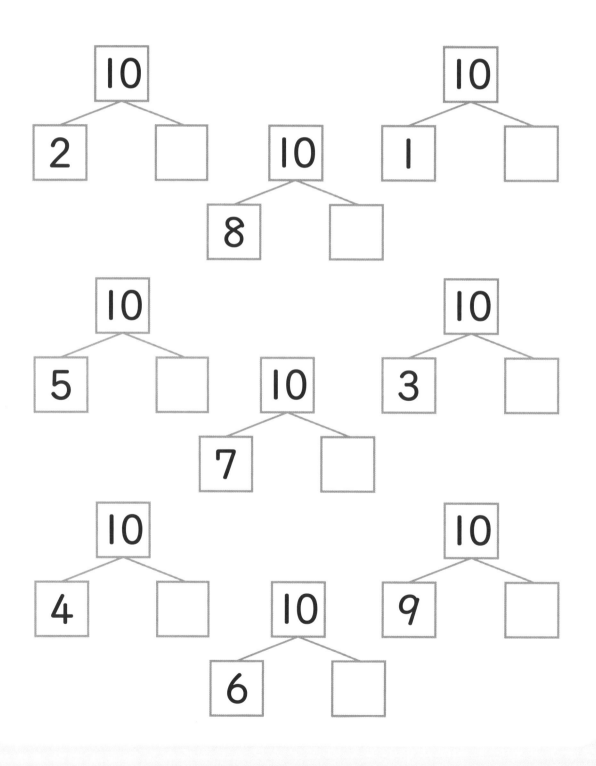

10 になる かずを おもいだして
ひきざんを しましょう。

① 10 − 4 = ☐   ⑥ 10 − 7 = ☐

② 10 − 2 = ☐   ⑦ 10 − 9 = ☐

③ 10 − 5 = ☐   ⑧ 10 − 6 = ☐

④ 10 − 1 = ☐   ⑨ 10 − 8 = ☐

⑤ 10 − 3 = ☐   ⑩ 10 − 10 = ☐

ひきざんを しましょう。

① 10−9 = ☐　　⑥ 10−2 = ☐

② 10−4 = ☐　　⑦ 10−7 = ☐

③ 10−1 = ☐　　⑧ 10−3 = ☐

④ 10−10 = ☐　　⑨ 10−8 = ☐

⑤ 10−6 = ☐　　⑩ 10−5 = ☐

10になる数の練習は、本ドリルの第2巻 10までのたしざん・ひきざん 29〜44ページも参照してください。

□に すうじを かきましょう。

① 1 + $\boxed{9}$ = 10　⑥ 9 + □ = 10

② 2 + □ = 10　⑦ 8 + □ = 10

③ 3 + □ = 10　⑧ 7 + □ = 10

④ 4 + □ = 10　⑨ 6 + □ = 10

⑤ 5 + □ = 10　⑩ 5 + □ = 10

学び方のホップ、ステップ、ジャンプ

①音読の効果

目で追って読む速さが早くなれば、筆記のスピードもアップします。
計算式と答えをすばやく読み進める力はテキパキと筆記する力につながり、その結果、集中力を高めてくれます。

②聞き取りの効果

計算式を見せずに、よく聞いて正解を答える練習です。「8＋7は？」の短い言葉を聞き逃さないで即答できる力をつけましょう。
視線を合わせて聞いたり答えたりするように促しましょう。

8＋7は？

③筆記の効果

書き進める力は集中力・作業力を伸ばし、根気よく丁寧に取り組む姿勢づくりに効果的です。
正しい筆順・字形・鉛筆の持ち方などをしっかり守り、背筋を伸ばして作業するように声かけをしていきましょう。
声を出して読む、覚える、聞き取る、筆記する……五感をフル活用し、学習力の向上へと導いていきましょう。

音読　　聞き取り　　筆記

くりさがり

たった2つの手順でできます！

1. **10 になる数**
2. **たしざん**

10 になる数と 10 までのたしざんを使います。

やってみよう！

ていねいに、はやく かく
れんしゅうも、ね！

くりさがりの けいさんの てじゅんです。

（ひかれる かず）（ひく かず）

$$13 - 8 = \boxed{5}$$

○

1. はじめに、ひく かずを 10 のかずに します。

8 と 2 で 10 ➡ 13 − 8 = □
②

最初のうちは○の中に補助数をかく

2. つぎに たしざんを します。

2 たす 3 は 5 ➡ 13 − 8 = □
②

（2 ＋ 3 ＝ 5）

➡ こたえは 5

16

10 になる かずと たしざんで こたえを だして みましょう。

① 13－7＝ ☐
　　　　○

⑥ 15－6＝ ☐
　　　　○

② 17－9＝ ☐
　　　　○

⑦ 12－6＝ ☐
　　　　○

③ 16－8＝ ☐
　　　　○

⑧ 12－7＝ ☐
　　　　○

④ 11－6＝ ☐
　　　　○

⑨ 11－5＝ ☐
　　　　○

⑤ 11－2＝ ☐
　　　　○

⑩ 14－8＝ ☐
　　　　○

※ むずかしいときは手伝ってあげてください。

もういちど ひきざんを しましょう。

① $13-7=\boxed{}$　　⑥ $15-6=\boxed{}$

$\bigcirc$　　　　　　　　　　$\bigcirc$

② $17-9=\boxed{}$　　⑦ $12-6=\boxed{}$

$\bigcirc$　　　　　　　　　　$\bigcirc$

③ $16-8=\boxed{}$　　⑧ $12-7=\boxed{}$

$\bigcirc$　　　　　　　　　　$\bigcirc$

④ $11-6=\boxed{}$　　⑨ $11-5=\boxed{}$

$\bigcirc$　　　　　　　　　　$\bigcirc$

⑤ $11-2=\boxed{}$　　⑩ $14-8=\boxed{}$

$\bigcirc$　　　　　　　　　　$\bigcirc$

※ 前ページと同じ問題です。手順通りにすばやく答えを出すようくりかえし
　ましょう。手順を忘れたら 16 ページに戻ってください。

ひきざんを しましょう。

① 14−8 = ☐　　⑥ 12−8 = ☐

② 14−9 = ☐　　⑦ 13−8 = ☐

③ 12−5 = ☐　　⑧ 14−7 = ☐

④ 11−9 = ☐　　⑨ 16−7 = ☐

⑤ 13−6 = ☐　　⑩ 13−9 = ☐

ひきざんを　しましょう。

① 13−9 = ☐　　⑥ 14−6 = ☐

② 15−9 = ☐　　⑦ 11−4 = ☐

③ 12−3 = ☐　　⑧ 18−9 = ☐

④ 15−7 = ☐　　⑨ 13−4 = ☐

⑤ 11−3 = ☐　　⑩ 17−8 = ☐

※ すばやく答えられるように、覚えましょう。

ひきざんを しましょう。

① 17−8 = ☐　⑥ 16−9 = ☐

② 12−9 = ☐　⑦ 13−5 = ☐

③ 11−8 = ☐　⑧ 12−4 = ☐

④ 14−5 = ☐　⑨ 11−7 = ☐

⑤ 15−8 = ☐　⑩ 13−7 = ☐

ひきざんを しましょう。

① 17 − 9 =

② 14 − 7 =

③ 13 − 5 =

④ 11 − 6 =

⑤ 16 − 9 =

⑥ 11 − 7 =

⑦ 13 − 6 =

⑧ 12 − 5 =

⑨ 15 − 7 =

⑩ 18 − 9 =

⑪ 16 − 7 =

⑫ 14 − 9 =

⑬ 13 − 4 =

⑭ 11 − 4 =

⑮ 12 − 3 =

※15 問です。
鉛筆を止めずにやりとげられるよう
練習しましょう。

ひきざんを しましょう。

① 12 − 6 =

② 12 − 4 =

③ 15 − 8 =

④ 11 − 2 =

⑤ 11 − 8 =

⑥ 15 − 9 =

⑦ 15 − 6 =

⑧ 12 − 7 =

⑨ 14 − 8 =

⑩ 11 − 9 =

⑪ 13 − 9 =

⑫ 12 − 9 =

⑬ 13 − 8 =

⑭ 14 − 5 =

⑮ 11 − 5 =

ひきざんを しましょう。

① 12 － 8 ＝ ☐　　⑨ 13 － 6 ＝ ☐

② 14 － 6 ＝ ☐　　⑩ 15 － 6 ＝ ☐

③ 15 － 8 ＝ ☐　　⑪ 11 － 9 ＝ ☐

④ 16 － 8 ＝ ☐　　⑫ 13 － 8 ＝ ☐

⑤ 17 － 8 ＝ ☐　　⑬ 11 － 5 ＝ ☐

⑥ 13 － 7 ＝ ☐　　⑭ 12 － 6 ＝ ☐

⑦ 16 － 9 ＝ ☐　　⑮ 13 － 4 ＝ ☐

⑧ 11 － 3 ＝ ☐

くりさがりの けいさんを ことばで せつめいして みましょう。

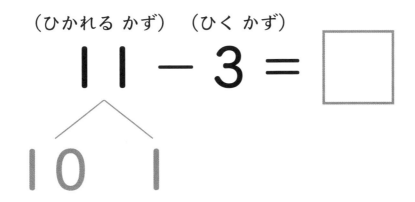

1. 1から 3は ひけません

2. 10 から 3を ひいて 7

3. 7と のこりの 1を たして

 こたえは 8

※くりさがりに慣れてきたら、計算の仕組みを言葉で説明できるように しましょう。

ひきざんを しましょう（36問）。

13－4=	18－9=	13－5=
11－8=	15－7=	15－6=
16－9=	14－7=	13－8=
15－9=	12－7＝	17－8=
12－3=	11－3=	16－8=
11－4=	13－7＝	11－6=
12－5=	16－7=	14－6=
11－7=	17－9=	13－6=
14－9=	12－8=	15－8=
13－9=	11－5=	12－4=
11－9＝	12－6=	11－2=
12－9=	14－5=	14－8=

くりあがり

くりあがりは、２つの手順でできます。

1. **10 になる数**
2. **ひきざん**

10になる数と10までのひきざんがすらすら答えられることが大切です。

10 になる かずを
つくるんだね。

6+8

くりあがりの けいさんの てじゅんです。

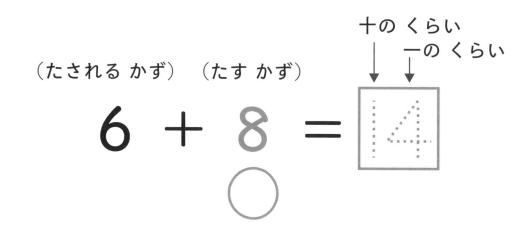

（たされる かず）　（たす かず）　　　　十の くらい　一の くらい

$$6 + 8 = 14$$

1. はじめに、たす かずを 10 のかずに します。

8 と 2 で 10　➡　$6 + 8 = 1$
②

10 と いいながら 1 を
かくと いいよ

2. つぎに ひきざんを します。

6 ひく 2 は 4　➡　$6 + 8 = 14$
②

（6 − 2 ＝ 4）

➡　こたえは 14

※ 一のくらい、十のくらいは 45 ページから学びます。

28

もういちど、よく よんで おぼえ ましょう。

（たされる かず）　（たす かず）

$6 + 8 = \boxed{}$

1. たす かずを 10 のかずに します。

8 と 2 で 10　➡　$6 + 8 = \boxed{1}$

②

十のくらいの 1を わすれないように かいておこう

2. 6 から 2 をひくと 4　➡　$6 + 8 = \boxed{14}$

②

こんどは 一のくらいの 4を かくよ

➡　こたえは 14

れんしゅうして みましょう。

① $6 + 8 = \boxed{}$　② $5 + 7 = \boxed{}$

〇　10 になる かずだよ　　〇

29

1. 2.の じゅんばんで けいさん しましょう。

$5+7=\boxed{}$　　　　$9+8=\boxed{}$
　　　○　　　　　　　　　　　　○

1. 7と ○で 10　　　　1. 8と ○で 10

2. 5−3=2　　　　　　2. 9−○=$\boxed{}$

➡ こたえは12　　　　　➡ こたえは $\boxed{}$

　（10+2=12）　　　　　（10+$\boxed{}$=$\boxed{}$）

※小学校の教科書は、2つの数を比較して大きい数を 10 の数にするために小さい数を分解しますが、このドリルでは、**いつも右側（たす数）を 10 の数にします**。これは数の分解の苦手な子どもたちも楽に計算できるようにしたためです。数の分解ができるのであれば、どちらでもかまいません。式と答えを声に出して読むことも忘れずに。

がつ　　にち

れんしゅう しましょう。

① $6 + 6 = \boxed{12}$ 　　⑥ $5 + 6 = \boxed{}$
　（④）　　　　　　　○

② $5 + 7 = \boxed{}$ 　　⑦ $9 + 4 = \boxed{}$
　　　○　　　　　　　○

③ $8 + 9 = \boxed{}$ 　　⑧ $5 + 9 = \boxed{}$
　　　○　　　　　　　○

④ $8 + 4 = \boxed{}$ 　　⑨ $4 + 7 = \boxed{}$
　　　○　　　　　　　○

⑤ $2 + 9 = \boxed{}$ 　　⑩ $9 + 6 = \boxed{}$
　　　○　　　　　　　○

てじゅんが わかったら、
けいさんの しくみを かんがえて みましょう。

6 + 8 = 14

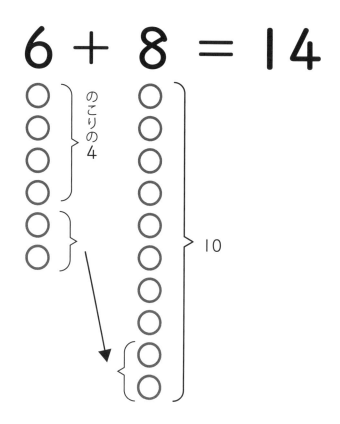

8は あと 2で 10
6から 2を もらうので 6 − 2 = 4
10と 4で 14

※○の数やおはじきで説明させてみましょう。
　計算の仕組みがわかったら、説明できるように練習しましょう。

がつ　　にち

5＋8を せつめいして みましょう。

1. 8は あと 2で 10

2. 5から 2を もらうので 5－2＝3

3. 10 と 3で 13

 こたえは 13

ほかの けいさんの やりかたも あるかな？ かんがえて みましょう。

※ まだむずかしい時は、32 ページに戻りましょう。
くりあがりに慣れてきたら、計算の仕組みを言葉で説明できるように
しましょう。
ここでは、たす数（8）を 10 にしましたが、たされる数（5）を 10 の
数にするやり方もあります。
5 はあと 5 で 10。8 から 5 をもらうので 8 － 5 ＝ 3。10 と 3 で 13 に
なります。

たしざんを しましょう。
5もんずつ おぼえましょう。

① 6 + 6 = ☐　　⑥ 5 + 6 = ☐

② 5 + 7 = ☐　　⑦ 9 + 4 = ☐

③ 8 + 9 = ☐　　⑧ 5 + 9 = ☐

④ 8 + 4 = ☐　　⑨ 4 + 7 = ☐

⑤ 2 + 9 = ☐　　⑩ 9 + 6 = ☐

※ 10問をすらすら答えられるように練習しましょう。

たしざんを しましょう。

① 8 + 3 = ⬜　　⑥ 8 + 5 = ⬜

② 9 + 7 = ⬜　　⑦ 2 + 9 = ⬜

③ 6 + 8 = ⬜　　⑧ 7 + 6 = ⬜

④ 9 + 3 = ⬜　　⑨ 7 + 3 = ⬜

⑤ 7 + 8 = ⬜　　⑩ 6 + 9 = ⬜

※①すらすら読む、②式を見ないで聞きとって答えられる、③ていねいに筆記する、この方法で 1 ページずつていねいに進めましょう。手順を覚えにくいときは 28 ページの覚え方を参考に進めてください。

たしざんを　しましょう。

① 4 + 8 =☐　　⑥ 6 + 5 =☐

② 7 + 4 =☐　　⑦ 8 + 8 =☐

③ 7 + 7 =☐　　⑧ 9 + 5 =☐

④ 8 + 6 =☐　　⑨ 6 + 7 =☐

⑤ 7 + 5 =☐　　⑩ 9 + 2 =☐

たしざんを　しましょう。

① $5 + 8 =$ ☐　　⑥ $6 + 5 =$ ☐

② $4 + 9 =$ ☐　　⑦ $8 + 7 =$ ☐

③ $7 + 9 =$ ☐　　⑧ $3 + 8 =$ ☐

④ $3 + 9 =$ ☐　　⑨ $8 + 6 =$ ☐

⑤ $9 + 8 =$ ☐　　⑩ $9 + 9 =$ ☐

たしざんを しましょう。

① 8 + 4 = ☐   ⑨ 9 + 9 = ☐

② 6 + 9 = ☐   ⑩ 7 + 8 = ☐

③ 8 + 6 = ☐   ⑪ 8 + 3 = ☐

④ 7 + 9 = ☐   ⑫ 5 + 7 = ☐

⑤ 4 + 8 = ☐   ⑬ 6 + 8 = ☐

⑥ 2 + 9 = ☐   ⑭ 5 + 8 = ☐

⑦ 9 + 5 = ☐   ⑮ 3 + 9 = ☐

⑧ 7 + 4 = ☐

※ 15問です。問題が増えても止まらずに筆記できるとよいですね。読む➡聞きとって答える➡筆記する、の順で。

たしざんを　しましょう。

① 8 + 9 = ☐　　⑨ 4 + 7 = ☐

② 6 + 7 = ☐　　⑩ 9 + 8 = ☐

③ 9 + 6 = ☐　　⑪ 9 + 7 = ☐

④ 6 + 5 = ☐　　⑫ 5 + 6 = ☐

⑤ 9 + 3 = ☐　　⑬ 7 + 5 = ☐

⑥ 9 + 4 = ☐　　⑭ 5 + 9 = ☐

⑦ 8 + 7 = ☐　　⑮ 3 + 8 = ☐

⑧ 8 + 8 = ☐

たしざんを しましょう。

① $9 + 4 =$ ☐　　⑨ $9 + 6 =$ ☐

② $7 + 7 =$ ☐　　⑩ $4 + 8 =$ ☐

③ $9 + 2 =$ ☐　　⑪ $9 + 7 =$ ☐

④ $8 + 5 =$ ☐　　⑫ $7 + 6 =$ ☐

⑤ $6 + 6 =$ ☐　　⑬ $8 + 9 =$ ☐

⑥ $2 + 9 =$ ☐　　⑭ $5 + 7 =$ ☐

⑦ $8 + 7 =$ ☐　　⑮ $9 + 5 =$ ☐

⑧ $5 + 8 =$ ☐

たしざんを しましょう（36問）。

$9 + 5 =$ $8 + 8 =$ $7 + 8 =$

$6 + 5 =$ $8 + 4 =$ $9 + 3 =$

$6 + 6 =$ $9 + 4 =$ $7 + 9 =$

$8 + 6 =$ $5 + 7 =$ $5 + 8 =$

$8 + 7 =$ $2 + 9 =$ $3 + 9 =$

$7 + 6 =$ $7 + 7 =$ $9 + 2 =$

$7 + 4 =$ $9 + 9 =$ $6 + 8 =$

$4 + 9 =$ $9 + 7 =$ $8 + 5 =$

$4 + 8 =$ $8 + 3 =$ $7 + 5 =$

$3 + 8 =$ $4 + 7 =$ $8 + 9 =$

$6 + 9 =$ $9 + 8 =$ $5 + 6 =$

$6 + 7 =$ $5 + 9 =$ $9 + 6 =$

※くりあがりの仕上げです。読む、筆記するタイムを記録して、頑張りましょう。

たしざん・ひきざんの まとめです。かく まえに
よみながら こたえを いって みましょう。

$17-9=$

$9+5=$

$18-9=$

$2+7=$

$8+4=$

$6-4=$

$13-4=$

$8+2=$

$11-4=$

$7+9=$

$0+3=$

$12-3=$

$7+8=$

$11-6=$

$9+0=$

$9+4=$

$16-9=$

$9-4=$

$12-5=$

$8+6=$

$7-3=$

$14-7=$

$7+6=$

$8-5=$

$13-5=$

$5-3=$

$9+9=$

$11-7=$

$2+3=$

$7+7=$

$9-0=$

$13-6=$

$8+3=$

$8-4=$

$16-7=$

$5+6=$

たしざん・ひきざんの まとめです。かく まえに
しきを ききとって こたえて みましょう。

$2 + 3 =$

$7 + 8 =$

$6 - 4 =$

$4 + 7 =$

$11 - 8 =$

$15 - 4 =$

$5 + 8 =$

$6 + 8 =$

$7 + 7 =$

$9 - 5 =$

$14 - 5 =$

$8 + 4 =$

$16 - 8 =$

$7 + 5 =$

$11 - 8 =$

$8 + 8 =$

$9 - 3 =$

$9 - 6 =$

$13 - 9 =$

$9 + 9 =$

$17 - 7 =$

$5 + 2 =$

$3 + 4 =$

$13 - 8 =$

$3 + 8 =$

$6 + 6 =$

$10 - 3 =$

$10 - 8 =$

$14 - 7 =$

$8 + 5 =$

$7 - 4 =$

$10 - 2 =$

$9 + 4 =$

$11 - 9 =$

$0 + 3 =$

$8 - 2 =$

たしざん・ひきざんの まとめです。
くちを とじ しずかに こたえを かきましょう。

13 − 9 =	1 + 9 =	12 − 9 =
0 + 6 =	11 − 2 =	6 − 3 =
7 − 3 =	7 + 7 =	16 − 8 =
11 − 4 =	9 − 6 =	11 − 9 =
8 + 9 =	16 − 8 =	4 + 9 =
6 − 2 =	8 + 2 =	5 + 5 =
14 − 9 =	4 + 5 =	2 − 0 =
4 + 8 =	8 + 0 =	4 − 0 =
5 + 7 =	17 − 8 =	17 − 9 =
12 − 7 =	9 − 1 =	8 + 8 =
18 − 9 =	9 + 9 =	7 + 7 =
8 − 8 =	10 + 10 =	11 − 7 =

20までの かず
一のくらい と 十のくらい

じゅう
（十のくらい）

いち
（一のくらい）

10と2で 12

10と2で 12

13の くらいを しろう。

（十のくらいは）　（一のくらいは）

1 ┊ **3**

十のくらいは　　　一のくらいは

①　　　③

⑩　　　① ① ①

10 が いくつ　　　1 が いくつ

①　　　③

くらいの かずは
10 が いくつ
1 が いくつ
という ことだよ。

がつ　　にち

おなじように やってみよう。

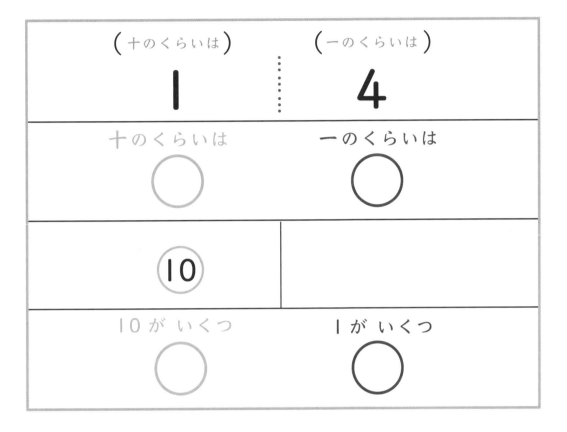

おなじように やってみよう。

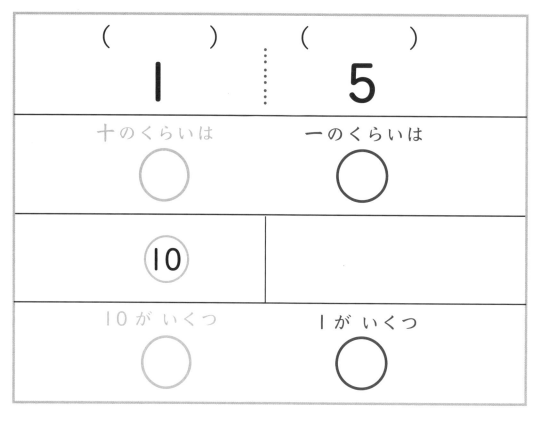

48

くらいを しろう。

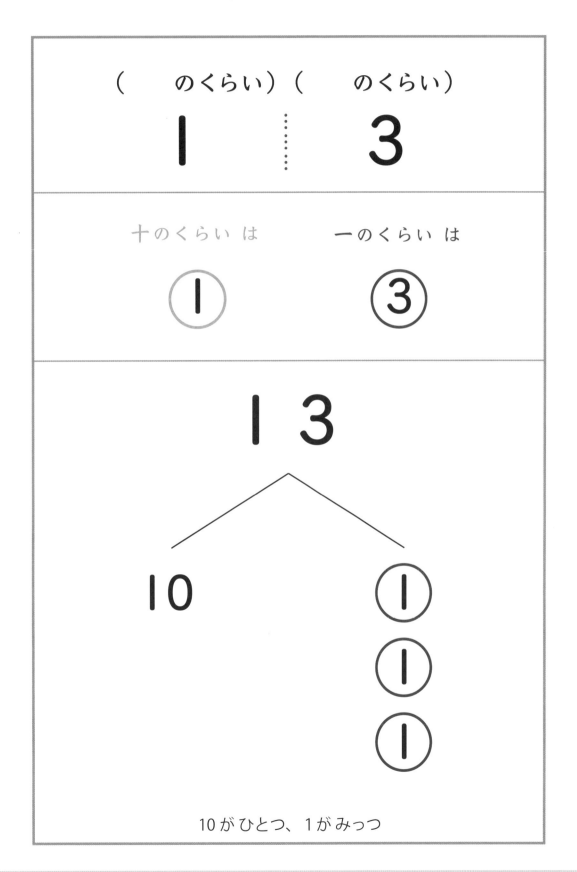

10が ひとつ、1が みっつ

49

くらいを しろう。

（　　のくらい）（　　のくらい）

1 ┊ 5

十のくらい は　　　一のくらい は

◯　　　◯

1 5

くらいを しろう。

（　　のくらい）（　　のくらい）

1 ┊ 6

十のくらい は　　　一のくらい は

◯　　　　　◯

1 6

くらいを しろう。

（　　のくらい）（　　のくらい）

1 ┊ 8

十のくらい は　　　　一のくらい は

◯　　　　　　◯

1 8

□は どんな かずですか?
すうじを かきましょう。

① ｜10｜ と ｜2｜ で ｜　｜

② ｜10｜ と ｜6｜ で ｜　｜

③ ｜10｜ と ｜4｜ で ｜　｜

④ ｜10｜ と ｜8｜ で ｜　｜

□は どんな かずですか?
すうじを かきましょう。

① 10 と 1 で 11

② 10 と 7 で ☐

③ 10 と 9 で ☐

④ 10 と 3 で ☐

□は どんな かずですか？
すうじを かきましょう。

① 10 と 3 で □

② 10 と 6 で □

③ 10 と 5 で □

④ 10 と 10 で □

□は どんな かずですか？
すうじを かきましょう。

① 13 は 10 と ☐

② 16 は 10 と ☐

③ 11 は 10 と ☐

④ 18 は 10 と ☐

□は どんな かずですか?
すうじを かきましょう。

がつ　　にち

① 17 は 10 と ☐

② 15 は 10 と ☐

③ 12 は 10 と ☐

④ 20 は 10 と ☐

□は どんな かずですか?
すうじを かきましょう。

がつ　　にち

$10 + 1 = \boxed{11}$　　$10 + 2 = \boxed{}$

$10 + 3 = \boxed{}$　　$10 + 4 = \boxed{}$

$10 + 6 = \boxed{}$　　$10 + 8 = \boxed{}$

$10 + 7 = \boxed{}$　　$10 + 5 = \boxed{}$

$10 + 9 = \boxed{}$　　$10 + 10 = \boxed{}$

いくつ ありますか。
かぞえて すうじを かきましょう。

10 たす ☐

10 たす ☐

10 たす ☐

☐　　　　☐　　　　☐

いくつ ありますか。
かぞえて すうじを かきましょう。

☐ ＋ ☐

☐ ＋ ☐

☐ ＋ ☐

☐

☐

☐

10と いくつかを かぞえて、
□に かずを かきましょう。

①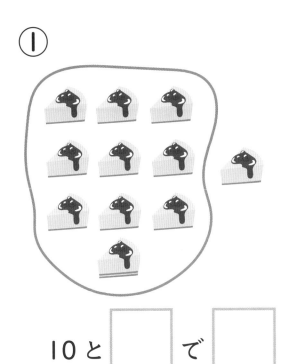

10と □ で □

②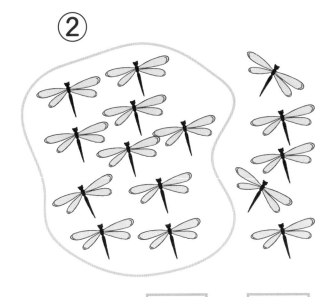

10と □ で □

③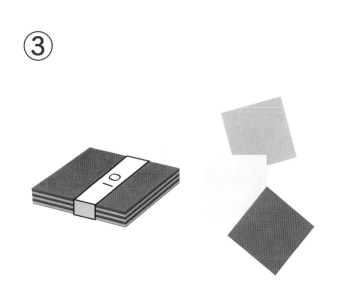

10 + □ = □

④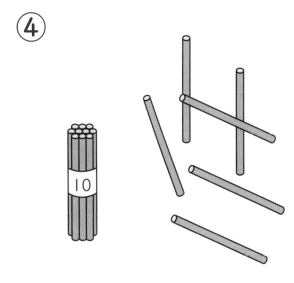

10 + □ = □

10と いくつかを かぞえて、□に かずを かきましょう。

①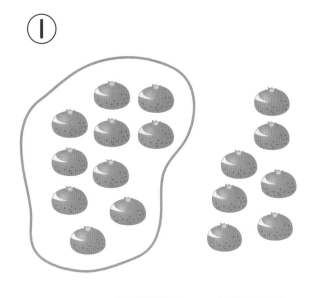

10 + ⬚7 = ⬚17

②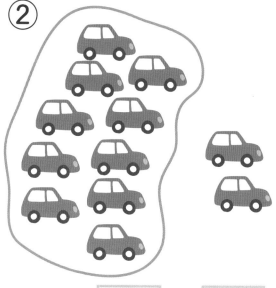

10 + ⬚ = ⬚

③

10 + ⬚ = ⬚

④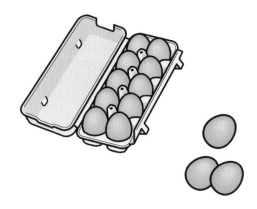

10 + ⬚ = ⬚

10 と いくつかを かぞえて、□に かずを かきましょう。

①

□ + □ = □

②

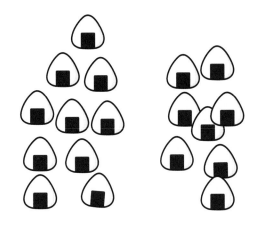

□ + □ = □

③

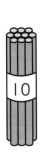 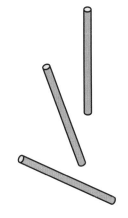

□ + □ = □

④

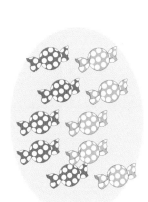 

□ + □ = □

10 と いくつかを かぞえて、 □に かずを かきましょう。

①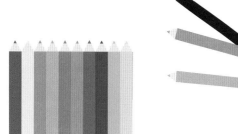

□ ＋ □ ＝ □

②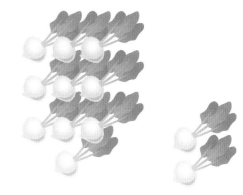

□ ＋ □ ＝ □

③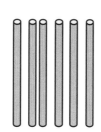

□ ＋ □ ＝ □

④

□ ＋ □ ＝ □

□に かずを かきましょう。
10 の かたまりを つくって
せんで かこみましょう。

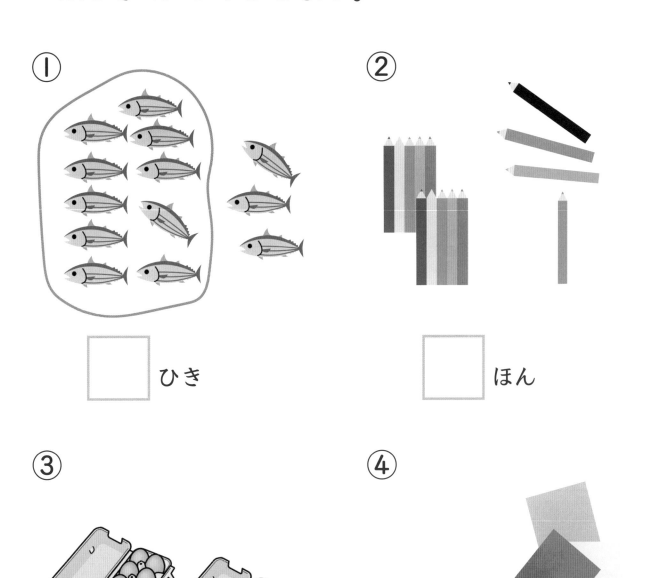

① □ ひき

② □ ほん

③ □ こ

④ □ まい

□に かずを かきましょう。
10 の かたまりを つくって
せんで かこみましょう。

①

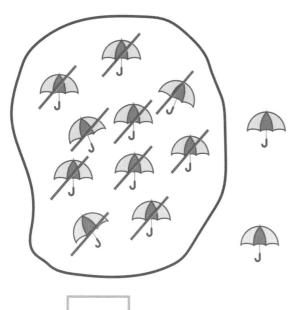

| 12 | ほん |

斜線を引いてから
囲むといいです。

| | わ |

②

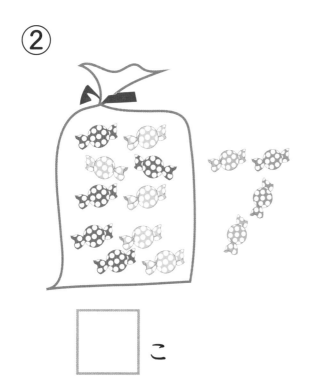

| | こ |

③

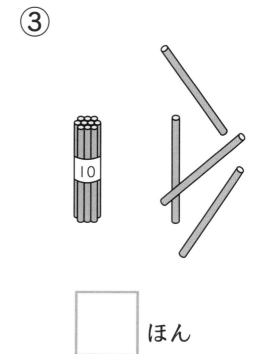

| | ほん |

がつ　　にち

□に かずを かきましょう。

①

□ ぴき

②

□ こ

③

□ ひき

④

□ ほん

がつ　　にち

あわせた かずを □に かきましょう。

①

②

10

□

③

④

10

□

10

□

10

□

あわせた かずを □に かきましょう。

① 10 ①

□

② 10 ① ① ① ① ① ①

□

③ 10 ① ① ① ① ① ① ① ①

□

④ 10 ① ① ①

□

69

あわせた かずを □に かきましょう。

① 10

② 10

③ 10

④ 10

2から はじまる 2とびの
かずを おぼえると べんりだよ。

2　○　4　○　6　○　8　○　10

2	4	6	8	10
12	14	16	18	20

おぼえたら かいてみよう

2とびの かずを おぼえましょう。

2		6		10
	14		18	

4		8		12

6			12	

なんこ ありますか?
2こずつ かぞえましょう。

①

こ

②

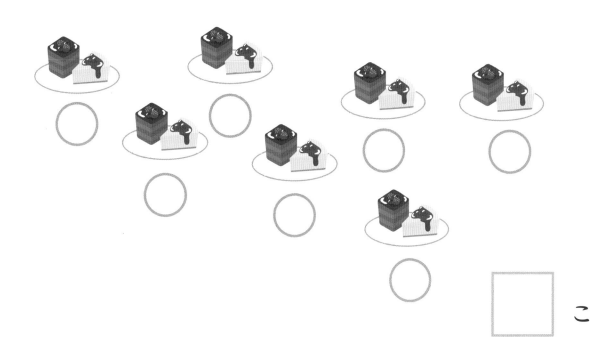

こ

なんこ ありますか?
2こずつ かぞえましょう。

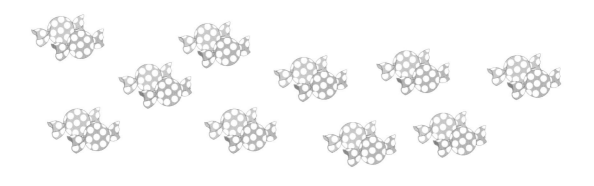

☐ こ

なんにん いますか?
ふたりずつ かぞえましょう。

☐ にん

こんなやり方・覚え方にも挑戦！

おもしろいね、
9 とか 11の ときは
こたえが すぐ でるんだね。

くりさがりの けいさんは ぜんぶで 36 もん です。

がつ　　にち

パターンを みつけると おぼえやすいよ!
おぼえる しきが すこしずつ へっていくよ。

【一のくらいが ならびの かず】……77〜80 ページ

1 2 − 3 ＝ 9　こたえは いつも「9」です。

↓

【11 ひく】……81〜84 ページ

1 1 − 5 ＝ 6　　10 に なる かずと たす 1 です。

↓

【ひく 9】……85〜88 ページ

1 4 − 9 ＝ 5　ひかれる かずの 一のくらいに たす 1

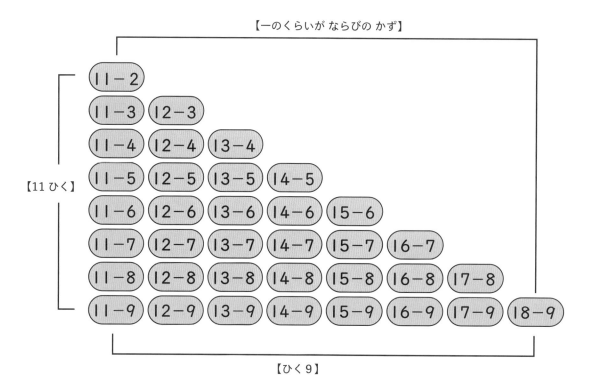

【一のくらいが ならびの かず】

11−2
11−3　12−3
11−4　12−4　13−4
【11 ひく】　11−5　12−5　13−5　14−5
11−6　12−6　13−6　14−6　15−6
11−7　12−7　13−7　14−7　15−7　16−7
11−8　12−8　13−8　14−8　15−8　16−8　17−8
11−9　12−9　13−9　14−9　15−9　16−9　17−9　18−9

【ひく 9】

一のくらいが ならんで いる
とき、こたえは いつも 9。
わかると べんり です。

$$12 - 3 = 9$$

$$14 - 5 = 9$$

ならんで いる かずを さがして ＿＿＿を ひいて みましょう。

$11 - 3 =$ 　　　$16 - 7 =$

$12 - 3 =$ 　　　$11 - 2 =$

$13 - 8 =$ 　　　$12 - 6 =$

$14 - 5 =$ 　　　$13 - 4 =$

$15 - 7 =$ 　　　$15 - 8 =$

　　　　　　　$18 - 9 =$

77

【一のくらいが ならび】の
しきを みつけて こたえを かきましょう。

$11 - 3 = \boxed{}$　　$12 - 5 = \boxed{}$

•$\underline{12 - 3} = \boxed{9}$　　$11 - 2 = \boxed{}$

$13 - 8 = \boxed{}$　　$12 - 6 = \boxed{}$

•$14 - 5 = \boxed{}$　　$13 - 4 = \boxed{}$

$15 - 7 = \boxed{}$　　$15 - 8 = \boxed{}$

$16 - 7 = \boxed{}$　　$15 - 6 = \boxed{}$

$18 - 9 = \boxed{}$　　$17 - 6 = \boxed{}$

こたえが 9 になる しきを
みつけて □ に ○ を かきましょう。

◯ 11 − 2 =　　□ 11 − 4 =

□ 12 − 6 =　　□ 15 − 8 =

□ 11 − 3 =　　□ 18 − 9 =

□ 13 − 8 =　　□ 19 − 6 =

□ 12 − 3 =　　□ 13 − 4 =

□ 14 − 5 =　　□ 15 − 6 =

□ 15 − 7 =　　□ 14 − 7 =

□ 16 − 7 =

【一のくらいが ならび】の
しきを みつけて こたえましょう。

$11 - 2 =$ ☐　　$11 - 5 =$ ☐

$13 - 9 =$ ☐　　$18 - 9 =$ ☐

$15 - 6 =$ ☐　　$17 - 9 =$ ☐

$16 - 7 =$ ☐　　$11 - 9 =$ ☐

$14 - 9 =$ ☐　　$11 - 8 =$ ☐

$11 - 3 =$ ☐　　$15 - 9 =$ ☐

$11 - 4 =$ ☐　　$14 - 5 =$ ☐

$11 - 9 =$ ☐　　$16 - 9 =$ ☐

$11 - 2 =$ ☐　　$11 - 6 =$ ☐

$12 - 9 =$ ☐　　$11 - 7 =$ ☐

80

【11 ひく】の けいさんを おぼえましょう。

がつ　　にち

10 になるかず

1.　11 − 3 = $\boxed{8}$

⑦

たしざん

2.　7 + 1 = 8

れんしゅう しよう

11 − 4 → 6 + 1 =
〇

11 − 6 → ☐ + ☐ =
〇

11 − 7 → ☐ + ☐ =
〇

11 − 5 → ☐ + ☐ =
〇

11 − 3 → ☐ + ☐ =
〇

11 − 8 → ☐ + ☐ =
〇

81

【11－3 ➡ 7＋1】のように あんざんで すぐ こたえられるよう よむ れんしゅうを くりかえしましょう。

① $11 - 3 =$ 〔　　〕

② $11 - 5 =$ 〔　　〕

③ $11 - 7 =$ 〔　　〕

④ $11 - 6 =$ 〔　　〕

⑤ $11 - 2 =$ 〔　　〕

⑥ $11 - 4 =$ 〔　　〕

⑦ $11 - 8 =$ 〔　　〕

⑧ $11 - 9 =$ 〔　　〕

【11ひく】の しきを みつけて こたえを かきましょう。

13 − 8 = ☐　　16 − 8 = ☐

• 11 − 7 = 4　　18 − 9 = ☐

12 − 6 = ☐　　11 − 9 = ☐

14 − 9 = ☐　　11 − 8 = ☐

11 − 3 = ☐　　15 − 7 = ☐

11 − 4 = ☐　　11 − 6 = ☐

【11 ひく】の しきを
みつけて こたえを かきましょう。

16 − 8 = ☐　　11 − 2 = ☐

11 − 7 = ☐　　11 − 4 = ☐

15 − 8 = ☐　　17 − 9 = ☐

11 − 3 = ☐　　11 − 8 = ☐

11 − 6 = ☐　　11 − 3 = ☐

11 − 5 = ☐　　18 − 9 = ☐

13 − 7 = ☐

【ひく9】おぼえると べんりです。

$$13-9$$

3から9は
ひけないよ!

10に なる かず

1. $10-9=1$

たしざん

2. $1+3=4$

$$\begin{bmatrix} 13-9 \\ \diagdown \\ 10 \quad 3 \end{bmatrix}$$

れんしゅう しよう

$16-9$ → $1+6=7$

$12-9$ → $\quad=\square$

$15-9$ → $\quad=\square$

$18-9$ → $\quad=\square$

【ひく9】しきを よんで こたえを いいましょう。

① 11 − 9 = ☐

② 13 − 9 = ☐

③ 17 − 9 = ☐

④ 18 − 9 = ☐

⑤ 12 − 9 = ☐

⑥ 14 − 9 = ☐

⑦ 16 − 9 = ☐

⑧ 15 − 9 = ☐

【ひく9】しきを ききとって
こたえを いいましょう。

① 11 − 9 = ☐

② 13 − 9 = ☐

③ 17 − 9 = ☐

④ 12 − 9 = ☐

⑤ 18 − 9 = ☐

⑥ 14 − 9 = ☐

⑦ 16 − 9 = ☐

⑧ 15 − 9 = ☐

【ひく9】くちを とじ、
しずかに こたえを かきましょう。

① 11 − 9 = ☐

② 13 − 9 = ☐

③ 18 − 9 = ☐

④ 17 − 9 = ☐

⑤ 14 − 9 = ☐

⑥ 12 − 9 = ☐

⑦ 15 − 9 = ☐

⑧ 16 − 9 = ☐

あとは つぎの 15 の しきを
おぼえる だけです。　　(がつ　　にち)

$12-4=$　　$13-5=$　　$14-7=$

$12-5=$　　$13-6=$　　$14-8=$

$12-6=$　　$13-7=$　　$15-7=$

$12-7=$　　$13-8=$　　$15-8=$

$12-8=$　　$14-6=$　　$16-8=$

($11-2$)
($11-3$)($12-3$)
($11-4$)($12-4$)($13-4$)
($11-5$)($12-5$)($13-5$)($14-5$)
($11-6$)($12-6$)($13-6$)($14-6$)($15-6$)
($11-7$)($12-7$)($13-7$)($14-7$)($15-7$)($16-7$)
($11-8$)($12-8$)($13-8$)($14-8$)($15-8$)($16-8$)($17-8$)
($11-9$)($12-9$)($13-9$)($14-9$)($15-9$)($16-9$)($17-9$)($18-9$)

5もんずつ おぼえましょう。

$$12 - 4 =$$

$$12 - 5 =$$

$$12 - 6 =$$

$$12 - 7 =$$

$$12 - 8 =$$

※わからないときは、手順で。　$12 - 4 ➡ 6 + 2 = 8$

5もんずつ おぼえましょう。

$$12 - 5 =$$

$$12 - 4 =$$

$$12 - 7 =$$

$$12 - 8 =$$

$$12 - 6 =$$

5もんずつ おぼえましょう。

$$13 - 5 =$$

$$13 - 6 =$$

$$13 - 7 =$$

$$13 - 8 =$$

$$14 - 6 =$$

5もんずつ おぼえましょう。

$$13 - 6 =$$

$$13 - 7 =$$

$$13 - 5 =$$

$$13 - 8 =$$

$$14 - 6 =$$

5もんずつ おぼえましょう。

$$14 - 7 =$$

$$14 - 8 =$$

$$15 - 7 =$$

$$15 - 8 =$$

$$16 - 8 =$$

5もんずつ　おぼえましょう。

$$14 - 8 =$$

$$15 - 7 =$$

$$14 - 7 =$$

$$15 - 8 =$$

$$16 - 8 =$$

10 もんの れんしゅうです。

13 − 5 = ☐　　15 − 7 = ☐

13 − 6 = ☐　　15 − 8 = ☐

13 − 7 = ☐　　16 − 8 = ☐

13 − 8 = ☐

14 − 6 = ☐

14 − 7 = ☐

14 − 8 = ☐

15 もんの けいさんです。

$12 - 4 =$ ☐　　$13 - 7 =$ ☐

$14 - 6 =$ ☐　　$12 - 5 =$ ☐

$13 - 5 =$ ☐　　$12 - 6 =$ ☐

$12 - 7 =$ ☐　　$12 - 8 =$ ☐

$13 - 6 =$ ☐　　$15 - 8 =$ ☐

$14 - 8 =$ ☐　　$15 - 7 =$ ☐

$14 - 7 =$ ☐　　$16 - 8 =$ ☐

$13 - 8 =$ ☐

※読む、聞き取る、筆記を繰り
返し、くりさがりの理解や暗記
しているかを確認してください。

くりあがりの けいさんは ぜんぶで 36 もん です。

> パターンを みつけると おぼえやすいよ！
> おぼえる しきが すこしずつ へっていくよ。

【9たす（たす9）】……99〜102 ページ
あと1で 10 なので、もうひとつの かずをいつも【ひく1】に
すれば いいです。

$$9 + 2 = 11$$
$$① \quad 2 - 1 =$$

【おなじ かずどうし】……103〜106 ページ

$$6 + 6 \sim 9 + 9$$

【のこりの9つの しき　いれかわっても おなじ】…107〜110 ページ

$$7 + 4 = 4 + 7$$

あたらしく おぼえる しきは のこりの 9つです。

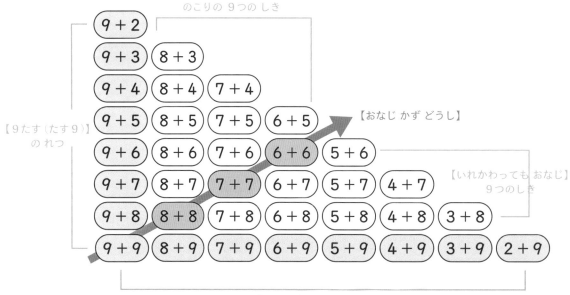

【9たす（たす9）】の れんしゅう。おぼえると べんり。

てじゅんは いままでと いっしょです。

2 + 9 = ⬜
○

1. 9と1で10

2. 2 − 1 = 1

3. こたえは 11
　（10＋1＝11）

【9たす（たす9）】をさがして こたえよう

5 + 6 = ⬜

• 9 + 4 = ⬜

• 5 + 9 = ⬜

4 + 7 = ⬜

• 9 + 6 = ⬜

【9たす（たす9）】の れんしゅう。 おぼえると べんり。

9 + 1 = ☐

9 + 2 = ☐
（10 + 1）

9 + 3 = ☐
（10 + 2）

9 + 4 = ☐
（10 + ◯）

9 + 5 = ☐
（10 + ◯）

9 + 6 = ☐
（10 + ◯）

9 + 7 = ☐
（10 + ◯）

9 + 8 = ☐
（10 + ◯）

9 + 9 = ☐
（10 + ◯）

たされる かずと たす かずの いれかえも あるよ。

がつ　　にち

9 + 2 = ☐　　　8 + 9 = ☐

4 + 9 = ☐　　　9 + 3 = ☐

9 + 9 = ☐　　　5 + 9 = ☐

6 + 9 = ☐　　　9 + 7 = ☐

ちょうせん！ たす9の あなうめ。 むずかしい ときは とばしても よいです。

$2 + 9 = 11$　　　$\boxed{} + 9 = 17$

$4 + 9 = 13$　　　$3 + \boxed{} = 12$

$9 + 9 = 18$　　　$\boxed{} + 9 = 14$

$6 + \boxed{} = 15$　　　$9 + \boxed{} = 10$

$7 + \boxed{} = 16$　　　$6 + \boxed{} = 15$

$\boxed{} + 9 = 10$　　　$\boxed{} + 7 = 16$

おなじ かずどうしの たしざんです。

いままで がくしゅうした
けいさんです。
おぼえているかな。

$6+6=$ ☐

$2+2=$ ☐

$7+7=$ ☐

$4+4=$ ☐

$8+8=$ ☐

$3+3=$ ☐

$9+9=$ ☐

$5+5=$ ☐

$1+1=$ ☐

がつ　　にち

おなじ かずどうしの たしざんです。

$1 + 1 =$ ☐　　　　$6+6=$ ☐

$2+2 =$ ☐　　　　$7+7 =$ ☐

$3+3 =$ ☐　　　　$8+8 =$ ☐

$4+4 =$ ☐　　　　$9+9 =$ ☐

$5+5 =$ ☐　　　　$10+10=$ ☐

できるかな？

おなじ かずどうしの たしざん

がつ　　にち

おぼえると べんりだよ！

$3 + 3 = \square$

$6 + 6 = \square$

$5 + 5 = \square$

$7 + 7 = \square$

$8 + 8 = \square$

$2 + 2 = \square$

$4 + 4 = \square$

$1 + 1 = \square$

$9 + 9 = \square$

$10 + 10 = \square$

いくつかな？

おなじ かず どうしの たしざんを しましょう。

$\boxed{3} + \boxed{3} = 6$　　$5 + \boxed{} = 10$

$4 + \boxed{} = 8$　　$\boxed{} + 9 = 18$

$2 + \boxed{} = 4$　　$6 + \boxed{} = 12$

$1 + \boxed{} = 2$　　$\boxed{} + 7 = 14$

$\boxed{} + 8 = 16$　　$10 + 10 = \boxed{}$

のこりの　9もんです。　おぼえましょう。

$6+5=$ ☐　　　　$8+3=$ ☐

$7+4=$ ☐　　　　$8+5=$ ☐

$7+5=$ ☐　　　　$8+4=$ ☐

$7+6=$ ☐　　　　$8+6=$ ☐

$8+7=$ ☐

$9+2$
$9+3$　$8+3$
$9+4$　$8+4$　$7+4$
$9+5$　$8+5$　$7+5$　$6+5$
$9+6$　$8+6$　$7+6$　$6+6$　$5+6$
$9+7$　$8+7$　$7+7$　$6+7$　$5+7$　$4+7$
$9+8$　$8+8$　$7+8$　$6+8$　$5+8$　$4+8$　$3+8$
$9+9$　$8+9$　$7+9$　$6+9$　$5+9$　$4+9$　$3+9$　$2+9$

あと 9もん おぼえれば
かんせいです。

$8+3 =$ ☐　　　　$7+4 =$ ☐

$8+5 =$ ☐　　　　$7+5 =$ ☐

$8+4 =$ ☐　　　　$7+6 =$ ☐

$8+6 =$ ☐　　　　$6+5 =$ ☐

$8+7 =$ ☐

あと　9もん、がんばれ！！

8＋3 ＝ ☐　　　5＋8 ＝ ☐

8＋5 ＝ ☐　　　3＋8 ＝ ☐

8＋4 ＝ ☐　　　4＋8 ＝ ☐

8＋6 ＝ ☐　　　6＋8 ＝ ☐

7＋8 ＝ ☐

がつ　　にち

これで かんせいです。

6+5 = ☐　　　　8+7 = ☐

8+3 = ☐　　　　8+6 = ☐

7+4 = ☐　　　　7+5 = ☐

7+6 = ☐　　　　8+4 = ☐

8+5 = ☐

［力をひきだす、学びかたドリル］

全 4 巻は次の内容で刊行予定です。

既刊 ❶「書く」からはじめる　せん、すうじ・かず

既刊 ❷「書く」からはじめる　10 までのたしざん・ひきざん

本書 ❸「書く」からはじめる　くりさがり・くりあがり

❹「書く」からはじめる　とけい、かたち

監修　河野 俊一（こうの しゅんいち）エルベテーク代表

1996 年、民間の教育機関エルベテーク設立。発達の遅れと課題をもつ子どものためのコースも開設し、現在に至る（埼玉／大阪／アメリカ）。著書に『発達障害の「教える難しさ」を乗り越える』『自閉症児の学ぶ力をひきだす』（いずれも日本評論社）、『誤解だらけの「発達障害」』『子どもの困った！行動がみるみる直るゴールデンルール』（いずれも新潮社）など。2017 年 11 月〜 2018 年 1 月、『教育新聞』（教育新聞社）にコラム（10 回）を連載。講演会、研修会での講師多数。

制　　　作　特定非営利活動法人 教育を軸に子どもの成長を考えるフォーラム
　　　　　　さいたま市の特定非営利活動法人（2017 年設立）。
　　　　　　「子どもの教育と医療」を主なテーマとして活動中。

企画・編集　知覧 俊郎
編 集 協 力　矢吹 純子　向川 裕美
イ ラ ス ト　中西 やす子
デザイン・DTP　堀　博

［力をひきだす、学びかたドリル］❸「書く」からはじめる　くりさがり・くりあがり

2023 年 12 月 20 日　第 1 版第 1 刷発行

監修　河野 俊一
発行　特定非営利活動法人 教育を軸に子どもの成長を考えるフォーラム
　　　Japanese Association for Education-centered Childhood Development
　　　〒 336-0026　埼玉県さいたま市南区辻 5 - 6 -12 - 408
　　　電話 / ファックス 048-837-6926
　　　e メール info@education-in-ourselves.org
　　　https://www.education-in-ourselves.org
印刷・製本　（株）シナノパブリッシングプレス

ISBN978-4-9911859 3 9　C8337